AF272465

Leiser Ruf

Liebes- und Naturgedichte

Marlis Tybusch

Leiser Ruf

Liebes- und Naturgedichte

KulTour – Celle 2011

ANDERS
ARTIG

Jürgen Paschke, Celle

Marlis Tybusch: Leiser Ruf

Herausgegeben von Ursula Beecken und Jürgen Paschke,
Autorenkreis Celle · KulTour, Celle · Mai 2011

Titelbild: Renate Philipp-Koppel, Altötting

Herstellung und Verlag: Books on Demand GmbH,
Norderstedt – ISBN 9783837064452

Leiser Ruf – Liebes- und Naturgedichte

Wer noch nie ein Gedicht geschrieben hat, dem mag es so scheinen, als wüchse ein Gedicht ganz allein aus dem Genie seines Schöpfers. Und daran ist etwas wahr: Gedichte wachsen.

Doch zuvor muss der Boden bereitet sein, ein Samenkorn gelegt und Zeit und Wetter müssen stimmen. Und um im Bild des Gartens zu bleiben: Das Wachsen muss sorgfältig begleitet werden. Das ist Arbeit. Düngen, Gießen und Beschneiden gehören dazu. Manchmal auch Ausreißen und Wegwerfen.

Wer ein Gedicht schreibt, hat schon längst gesehen, gehört und seine Erfahrungen gemacht und so den Boden vorbereitet. Dann kommt ein Anstoß von außen hinzu, und es beginnt – noch unsichtbar – etwas zu wachsen.

Mag sein, dass er oder sie morgens aufwacht mit dem Geschenk einer oder mehrerer Zeilen, aber nun beginnt die Arbeit, nun ist der Kopf mit all seinem Wissen und Können gefragt.

Der Anfang „wächst" beim Nachdenken womöglich in unterschiedliche Richtungen, doch nur eine davon kann sinnvoll weiter verfolgt werden.

Womöglich passen auch die Gedanken in die Form des Anfangs nicht hinein. Arbeit ist es, bis Inhalt und Form übereinstimmen.

Wer selber schreibt, kennt diese Mühe – und den Kummer, wenn sich nicht fügen will, was gesagt werden soll.

Marlis Tybusch hat an ihren Gedichten gearbeitet. Davon zeugen zahlreiche Versionen, die sie neben den Endfassungen bewahrt hat. Sie konnte genau hinsehen und beobachten. Sie konnte Worte abwägen und das Besondere erkennen und gewichten.

Aber Marlis Tybusch war mit der „Arbeit der Lyrik" auch nicht allein: Sie hatte Freunde im In- und Ausland, die ihr in kritischer Zusammenarbeit voran halfen.

Und so können wir vom Autorenkreis Celle, dem sie in den letzten Jahren ihres Lebens angehört hat, heute diese kleine Sammlung von Gedichten vorlegen, durchlebt und gestaltet von Marlis Tybusch.

Ursula Beecken

Bergwind

Bergwind
kühlt mir die Lippen
Tag war Glut
über die Weiden nun
geht Unruhe
Vögel
horchen auf
Regen sinkt schwer
in dürstendes Land

Musik

Musik
springt mir
ins Blut
und ich
muss
tanzen

heißer Rhythmus
Schlagzeugwirbel
lachendes Saxophon
tanzen
tanzen
tanzen

Meditation

In mir der Sonne Kraft
der Sterne Glühen
und des lieben Mondes Glanz

Der Baum verwurzelt
in meinem Herzen
in meinen Adern
der Ströme Lauf

Unter meinen Händen
des Sommers Blumen
und du Bruder Halm
am Wegesrand

Und nie vorüber
des kleinen Vogels Lied
in meiner Seele

Kleiner Vogel

bist du
der Flügelschlag
in meinem Herzen
manchmal
wenn ich
jäh erzittere
erzittere vor Glück?

Fliegen

Sag nicht
der Mensch vermag es besser
Vogelflug ist mehr

Vogelflug ist Jubel
ist selbst geworfene Kraft
gegen den Himmel

Und Niedersinken
schwingend weich
vertrauensvoll zur Erde

Ich beuge mich

Ich beuge
meine Knie nicht
vor dem Urteil
der Menge

Ich beuge
meine Knie nicht
vor dem
aber man muss doch...

Ich beuge
meine Knie
jeglichen Tag
vor den Wundern
dieses Lebens

Vogelruf

Vogelruf in der Ferne

trägt deine Sehnsucht

mir zu

Deine Verse

Deine Verse kamen zu mir
trafen mich mitten ins Herz

Wer bist du
der es vermag
meinen Atem anzuhalten

Schmerzhafte Süße
eines Glückes von weit her

Und ich halte doch nichts
als Deine Verse
in meinen Händen

Du

Du
der meinen
leisen Ruf hört

Du
der meinen
behutsamen Atem spürt
und das Tönen
in meiner Tiefe

Du
der Sprache
verstehend empfängt
aus dem Urgrund
meines Daseins

Du
bist der Spiegel
meiner Seele

Bin ich ein Kornfeld

Bin ich ein Kornfeld
unter Deiner Hand
Du
zärtlich wie der warme Sommerwind

Ich sinne
in den sinkenden Abend

Schwebendes Fluggestirn
eines Löwenzahns
weiß leuchtende Jasminblüten
leises Rauschen
fallenden Wassers
in meinem Brunnen

Und der Traum kehrt wieder
der Traum vom Sommerwind
der Traum
vom Sommerwind

Lächeln

Das Lächeln auf meinen Lippen,
es kommt von dir.
Du hast es dorthin gezaubert,
gehört es mir?
Und send ich es dir auch wieder,
dies sanfte Glück,
bleibt doch von deinem Lächeln
ein Hauch zurück.

Wenn du

wenn du
mich leise berührst
erzittern die Saiten
in meinem Innern

Es tönt deine Hand

Es tönt
deine Hand
auf meinem
versunkenen Gesicht

Mit-tönen
die Wiesen
alle Wiesen der Erde

Zart
ist deine Seele
die aus deinen Händen fließt

Weich
ist dein Herz
das auf mich niederströmt

Wenn du
mich leiser als leise berührst
erzittern die Saiten
in meinem Innern

Immer aber bleibt

Immer aber bleibt
wenn es mehr war als Sturm
die Schwingung der Tiefe

Und es brennen
in meinem Herzen
die ungeweinten Tränen

Liebe

sagen dürfen
ich bin schwach

sagen dürfen
ich habe Angst

weinen dürfen
wenn Verzweiflung naht

weinen dürfen
aus tiefem Glück

Was schwingt

Was schwingt
durch die Stille zwischen uns
(siehst du) sieh die schmale Mondsichel
Sehnsucht
sie mit den Händen zu berühren
Sehnsucht
den Nachthimmel einzuatmen

alle Sterne sind unser

auch der Gräser weiches Wiegen
auch der Blumen Erblühen
auch der Vögel sanfter Flug
und die unnennbare Gebärde
aufgrünender Buchenblätter

Blütenblätter

Blütenblätter meine Hände
schließ deine Augen
fühl ihre Weichheit
trink ihren Duft
sei ganz umfangen

Ich schaue dich an

Ich schaue dich an
mein Haar fällt
über mein Gesicht

Ich schließe die Augen
über dir
Traum und Trunkenheit
von anderen Ufern

Und in Kaskaden
fällt mein Haar
über dein Gesicht

Deine Hand

Deine Hand
auf meiner Stirn
fiel wie ein Lot
in meine Tiefe

Was strömte
von deinem
schwingenden Herzen
in meinen
angehaltenen Atem

Wenn ich die
Augen schließe
trinke ich den Mond
in mich hinein
und ich bin glücklich
und ohne Wünschen

Ich blühe auf zu dir

Ich blühe auf zu dir
in tausend kleinen Flammen
die Sehnsucht deiner Hände
wird Seligkeit in mir
wir sinken in die Tiefe
der Wasser warm und weich
Geborgenheit und Jubel
in deinen Armen

Vogelflug

Jubel
selbst geworfene
Kraft
gegen
den Himmel

niedersinken
schwingend weich
vertrauend
der Erde

Nie

Wer kann die Liebe bestehen?

Nie entfliehen Rosen dem Tod.

Schon jetzt

Eben noch entflammt
glühen wir auf
hoch im unendlichen Weltraum

Schon aber fallen wir tief
in den Abgrund
unserer dunklen Erde

Sprang ein Glas

Sprang ein Glas
das süß ertönte
sprang in Stücke mir in Händen
stürzte jäh in leere Kälte

Ach es sprang ein Glas
das innig tönte
Tränen rinnen nieder auf die Scherben
tropfen heiß zur Erde nieder
reißen Wunden meinem Herzen
ach es sprang ein Glas
das süß ertönte

Requiem

Mein Herz
ist ausgegossen
über diese Erde
denn du
bist aus dem Leben
gegangen

Wohin
bist du
gegangen

fort – fort –

Trauer

Ich habe ein Grab
das darf meine Tränen nicht seh'n
Ich hab' eine Erinnerung
die diese Welt verbietet

Der Mandelbaum
dort auf dem Friedhof
hat viele Menschen weinen sehn

Und es brennen
in meinem Herzen
die ungeweinten Tränen

Schrei

ausgebrannt
mein Inneres
verdorrt
die Landschaft meiner Seele

allein so allein
im Raum ohne Echo
was hülfe ein Schrei
wo niemand hört

und schlimmer noch
ich will
mein Elend verbergen
will nicht
dass sie meinen Schmerz wissen
der Schrei
erstickt
in meiner Kehle

An einen Vogel

Hat mein Herz dich gerufen?
Wer zeigte dir den Weg
zu meinem Fenster
grad heute
wo ich traurig bin?

Dein leiser Flügelschlag
hob meine schweren Lider
und unter Tränen
erschrak mein Herz
vor Glück

Ich halte meinen Atem an
das Glück der Gegenwart
nicht zu gefährden

Ich halte meine Hände fest
und meine Sehnsucht
dich in der Hand zu tragen
dich einen Herzschlag lang
zu spüren

Nein, ich ertrüge nicht
die Angst
die Angst in deinen Augen
für einen Augenblick
nur meines Glücks

Verweht

Die Zeit tropft von den Zweigen
wasserumrauschter Wälder
Mittagswind verweht die Spur
und der Vögel Stimme schweigt

Jede Stunde weint nach dir

Ich gehe zu den Menschen
aber immer ist mein Heimweh da
nach dir

Ich gehe in den Tag
aber überall ist mein Ruf
nach dir

Ich gehe in den Traum
und breite meine Arme aus
da bist du

Ich breite meine Arme in den Wind
und empfange
deine Gegenwart

Zurück zu dir

Ich suche andere Wege
aber sie führen nur stärker
zu dir zurück
Ich gehe abgewandten
Gesichts
aber mein Herz
bleibt dir zugewandt
Kraft die sich verströmen will
in die Welt
kehrt zur Mitte zurück
zu dir

Vogel

zerbrechlich
und stark
zwischen Erde
und Sternen
unerreichter Raum
meiner Sehnsucht
doch deiner
flugeroberten
Freiheit

Freiheit

Ihr könnt sie mir nicht rauben
meine Freiheit
sie gilt mir mehr
als Sicherheit
Angst ist der Freiheit
größter Feind
Ich werfe weg
die Angst
und ich bin frei

Kosmos

Ich gehe getrost
überall *ist* Heimat
Immer *war* Heimat
und Heimat
wird *ewig* sein

Gebet

Wort ist mir Brot,
heiliges Brot des Lebens

O Gott,
nimm mir das Brot des Leibes,
aber nimm mir nie das Brot der Seele

Nimm mir nicht die Ströme der Tiefe
nimm mir nie
des Wortes heilige Nahrung
die in mich einströmt

Und lass mich leben dürfen
von Kraft und Innigkeit des Wortes
das du aus meinem Innern wachsen lässt

O Gott
lass diese Quellen nicht versiegen

Marlis Tybusch
ganz persönlich

* 26. Januar 1923 in Kiel

Staatlich anerkannte Logopädin
Rezitatorin
Atem-, Stimm- und Sprechlehrerin
Stimm- und Sprachtherapeutin
Redner- und Sprechschulungen
Hör- und Wahrnehmungstraining
Psychologische Gesprächstherapie
Sprechkünstlerische Schulungen

Ab 2003 im Autorenkreis Celle;
Mitgestaltung der „Offenen Bühne
der Literatur" in „Kunst & Bühne"
und der Lesung „Kirche, Kunst und
Kraniche" in der Stechinelli-Kapelle
in Wieckenberg bei Wietze/Aller.

† 30. August 2005 in Celle

kirchlich bestattet auf dem
evangelischen Friedhof
Celle-Neuenhäusen

„Danke für mein reiches Leben!"

Nur ein Satz und doch ein großes Wort. Marlis Tybusch sagte ihn, wenn kleine Dinge des Alltags ihr Herz erfreuten. Kleinigkeiten, die mancher gar nicht merkt. Sie aber erfüllten kleine Dinge oft mit unendlicher Dankbarkeit: Das Lied eines Vogels, blühende Blumen, frisches Grün und die Zuwendung lieber Menschen.

„Danke für mein reiches Leben!"

Das war für Marlis Tybusch keine einfache Floskel. Ihre Lebensphilosophie brachte sie damit zur Sprache. Dankend und betend – mit aufwärts gewandtem Blick. So wie sie es mahnend an die Giebelwand ihres Hauses Breite Str. 36 schreiben ließ:

ASTRA SPECTATE. Schau zu den Sternen.

Dann spürst du „der Sonne Kraft" und „der Sterne Glühen", dann spürst du den Lebensatem der Natur, die Schöpferkraft, die uns leben und atmen lässt …

Und wenn es schwer wird im Leben? Marlis Tybusch fragt und sagt: *„Wie, du hast nichts zu lachen? Ich lache über mich selbst! Da hab ich immer was zu lachen."*

So lässt sich die eine Seite der Verstorbenen beschreiben. Die andere aber soll auch nicht verschwiegen werden. Sie selbst hat diese dunkle Seite ihres Wesens nicht verheimlicht. Marlis Tybusch hat ihr Erleben, ihren Zwang zum Lebenskampf, im „Kriegslied" von Matthias Claudius zusammengefasst:

„'s ist Krieg! 's ist Krieg! O Gottes Engel wehre, und rede du darein! 's ist leider Krieg – und ich begehre, nicht Schuld daran zu sein!"

Ihre materielle Not hat Marlis Tybusch als kriegerischen Angriff auf ihr Leben begriffen. Sie fühlte sich unschuldig verfolgt.

Die Last ihres denkmalgeschützten Hauses drückte sie schwer. Einst war sie stolz auf dieses über 300 Jahre alte Anwesen. An den tragenden Giebelbalken ließ sie schreiben: *Erbaut 1684 – renoviert 1967 von Marlis Tybusch.*

Die damals 44-jährige Therapeutin hatte es in Celle zu Ansehen und Erfolg gebracht. Generationen von Mitmenschen wurde sie zur helfenden Wegbegleiterin. Viele werden sich dankbar an sie erinnern.

Ihre letzten Lebensjahre waren oft nicht glücklich. Das hatte auch mit ihrem un-beugsamen Willen zu tun, wie es in einem ihrer Gedichte zum Ausdruck kommt.

Am Ende fehlte ihr die Kraft zum Weiter-
leben. Sie konnte das *„nie endende Lied des
kleinen Vogels"* nicht mehr hören. Sie erfuhr
und erlitt die Wahrheit, die der Kirchenvater
Augustinus so ausdrückt:

*„Gott, du hast uns zu dir hin geschaffen.
Unser Herz ist ruhelos,
bis es Ruhe findet in dir."*

Marlis Tybusch gebührt als Mensch und
Dichterin Respekt und Dank. Mit Worten der
Dichterin Margot Bickel sagen wir
Marlis Tybusch:

*Frieden strahlst du aus
Befreiung
Erlösung
ein wenig lächelst du sogar
endlich ist er vorbei
der scheinbar endlose Kampf*

*Du hast es vollbracht
losgelassen
alles hinter dir gelassen
das enge Tor durchschritten
dich fallen lassen
in liebende Hände …*

*Aus der Beerdigungsansprache
von Pastor Friedhelm Klein*

Die Herausgeber dieses kleinen Bandes gehören dem Autorenkreis Celle an, der 1989 von Sibylle Labischinski († 2005) gegründet wurde:

Ursula Beecken

* 1942 - Lehrerin; schreibt Prosa und Lyrik, veröffentlicht sind bisher Texte und geistliche Lieder, vertont von verschiedenen Komponisten; Mitglied der Gruppe TAKT

Jürgen Paschke

* 1952 - Theologe, Publizist, Lebensberater; Veröffentlichungen in Anthologien und Zeitschriften (Lyrik, Meditationen, Aphorismen); Moderation der „Offenen Bühne der Literatur"

Buchtitel mit Texten der Herausgeber auf den Folgeseiten.

Texte von Ursula Beecken

Lyrische Koordinaten
Czernik-Verlag / Edition L, Speyer 2011
ISBN: 978-3-934960-94-7
180 Seiten, gebunden

Ursula Beecken:
Fünf Farben – Gedichte im Kirchenjahr
KulTour, Celle 2002
56 Seiten, broschiert

Jürgen Paschke (Hrsg.):
Lichtblicke – Gedanken geschichtet
und verdichtet
KulTour, Celle 2002
56 Seiten, broschiert

Texte von Jürgen Paschke

Lyrische Koordinaten
Czernik-Verlag / Edition L, Speyer 2011
ISBN: 978-3-934960-94-7
180 Seiten, gebunden

Annette Busch, Christa Merhof:
Wege zum Messias – Musikalische und geistliche
Anregungen zum Oratorium von Georg Friedrich
Händel
Francke-Verlag, Marburg 2009
ISBN: 978-3-86827-076-1
256 Seiten, Paperback

Georg Gremels:
Ich bin ganz Ohr – Betrachtungen zum Thema
Berufung zu Bildern von Karola Onken
Francke-Verlag, Marburg 2009
ISBN: 978-3-86827-071-6
224 Seiten, gebunden, farbig illustriert

Das Gedicht – Eine Auswahl
neuer deutscher Lyrik
Czernik-Verlag / Edition L, Hockenheim 2006
ISBN 3-934960-48-0
142 Seiten, gebunden, Großformat

Jürgen Paschke (Hrsg.):
Lichtblicke – Gedanken geschichtet
und verdichtet
KulTour, Celle 2002
56 Seiten, broschiert

Alles Wesentliche im Leben ist Begegnung.

Martin Buber